LES

IMPOTS ARABES

EN ALGÉRIE

PAR

A. BOCHARD

Extrait du *Journal des Économistes*
(Numéros de Novembre et de Décembre 1892.)

PARIS
LIBRAIRIE GUILLAUMIN ET Cie, ÉDITEURS
RUE RICHELIEU, 14

1893

LES

IMPOTS ARABES

EN ALGÉRIE

PAR

A. BOCHARD

Extrait du *Journal des Économistes*
(Numéros de Novembre et de Décembre 1892.)

PARIS
LIBRAIRIE GUILLAUMIN ET Cie, ÉDITEURS
RUE RICHELIEU, 14

1893

LES IMPOTS ARABES EN ALGÉRIE

I

PRÉLIMINAIRES

Quand on réfléchit à la conduite que nous avons tenue depuis la conquête vis-à-vis des indigènes de l'Algérie et que l'on veut se rendre compte des efforts que nous avons tentés pour les amener à notre civilisation, on est frappé de ce fait que nous nous sommes rarement placés sur le terrain économique.

On a cru longtemps, en France, que l'instruction et la propagation de nos idées de justice sociale suffiraient pour effacer les haines et pour attirer vers nous une race dont nous séparent la langue, les mœurs, les traditions religieuses et familiales et, par-dessus tout, les intérêts. On commence à peine à s'apercevoir que c'est d'abord par la communauté des intérêts matériels que nous nous attacherons l'Arabe et que l'assimilation économique est la seule dont il soit actuellement susceptible.

Parmi les questions économiques qui, en Algérie, s'imposent à notre étude, celle des impôts arabes est assurément une des plus importantes et des plus délicates. Depuis longtemps, on a reconnu les défectuosités de leur assiette, et bien qu'une partie des causes qui avaient nécessité, au début, le maintien de l'ordre de choses établi ait disparu depuis lors, le système fiscal des Turcs, avec les modifications qu'y avait introduites Abd-el-Kader, a continué à subsister jusqu'à nos jours.

Nous nous sommes bornés, jusqu'ici, à améliorer l'assiette de ces impôts et à régulariser leur perception, sans leur faire subir une transformation les mettant en rapport avec les contributions de la métropole. Les éléments, dit-on, nous manquent. C'est qu'en effet le problème de leur transformation est intimement lié à celui de la constitution de la propriété individuelle chez les indigènes, que les procédés employés jusqu'ici sont loin d'avoir résolu.

Mais aujourd'hui que l'on paraît vouloir abandonner, pour le régime de la propriété, la voie tracée par les lois de 1873 et de 1887 et que l'on sent la nécessité d'un système analogue à celui de l'*Act*

Torrens, avec création de registres fonciers, il est permis de croire à la possibilité de cette transformation.

Au moment où une commission sénatoriale étudie les questions algériennes, il n'est peut-être pas inutile d'apporter sur ce sujet, qui a été assez rarement abordé, des éléments d'appréciation et de discussion.

Pour mieux apprécier la réforme dont les impôts arabes pourraient être susceptibles, il nous paraît nécessaire de jeter un coup d'œil sur leur origine historique, de relater les améliorations et les tentatives de réforme dont ils ont été l'objet, enfin de montrer les vices de leur mode actuel d'assiette et de recouvrement.

II

L'IMPOT SOUS LA DOMINATION ARABE, SOUS LA DOMINATION TURQUE ET SOUS LE GOUVERNEMENT D'ABD-EL-KADER.

La redevance primitive imposée aux peuples de l'Islam était le *zekkat* [1]. Le prophète l'institua en 623. *Le Koran*, chap. LVIII, verset 14, le qualifie d'*aumône légale*. C'était une dîme prélevée sur le revenu mobilier et immobilier et perçue par le *Souverain*, puisque, chez les nations musulmanes, l'Église et l'État se confondent.

Le *zekkat*, obligatoire pour tout musulman et considéré comme doué d'une vertu purificatoire [2], ne frappait que les biens dont la valeur dépassait 120 francs[3] et que l'on possédait depuis plus d'un an. Ces exemptions rappellent le principe moderne de l'*exonération du minimum d'existence*. Tout ce qui était considéré comme richesse pour le musulman, chameaux, menu bétail, céréales, fruits, numéraire, bijoux, etc., était soumis à l'impôt. Les biens *habbous* (religieux) n'étaient pas exceptés.

A côté de la dîme légale, prélevée en nature sur les seuls musulmans, il y avait la *capitation*, contribution personnelle imposée aux infidèles vaincus, tributaires de l'Islam. Elle était en moyenne de 24 francs [4] par tête et par an. C'était l'*impôt proprement dit*, dont le produit alimentait la caisse du fisc, pour être employé aux dépenses de l'État.

Tant que le pouvoir, dans la régence d'Alger, resta aux mains des chefs de tribus, le *zekkat* conserva sa forme religieuse et patriar-

---

[1] Prélèvement.

[2] Robbe. *Journal de jurisprudence*, années 1870-1871.

[3] 200 dirhem.

[4] 40 dirhem.

cale. Mais, peu à peu, avec le développement de la société musulmane, les gouvernements se compliquèrent. Leurs besoins devinrent plus grands et le *zekkat* perdit à la longue son caractère primitif pour devenir un véritable impôt, s'appliquant à la fortune individuelle sous ses formes les plus diverses et les plus variables.

Le gouvernement turc aggrava l'impôt. Les Turcs se servirent d'abord de l'impôt comme d'un moyen politique, puis en vinrent aux exactions les plus grandes.

Le système fiscal des Turcs se rattachait à leur organisation militaire. Ils avaient divisé les populations algériennes en tribus civiles et sujettes (*rayas*), qui supportaient toutes les charges, et en tribus militaires (*maghzens*), qui étaient faiblement imposées.

Pour les tribus civiles, l'impôt était, pour ainsi dire, un butin s'étendant sur tout.

L'énumération suivante en donnera une idée.

Les Turcs percevaient d'abord l'*achour*, qui était le *zekkat* appliqué aux revenus du sol. Cette contribution, analogue à la dîme des pays catholiques, était fixée au dixième des récoltes.

Venait ensuite le *zekkat* proprement dit, prélèvement sur le gros et menu bétail et autres objets mobiliers. La quotité de cet impôt variait selon les circonstances, les temps et les objets imposés, et il n'était pas général dans toutes les parties de la Régence. Il n'existait pas à Constantine, et c'est dans le but d'égaliser les charges et, en même temps, pour améliorer les revenus publics, que le gouvernement français l'établit progressivement en 1857 et 1858. Le *zekkat* constituait un impôt très lourd sur le capital.

Dans la province de Constantine, on percevait le *hockor*. C'était le loyer des terres dites *azels* qui formaient le domaine du beylick de Constantine et on le considérait comme une redevance due à l'État, seigneur de la terre.

Il y avait ensuite la *lezma* [1]. C'était en réalité un véritable prix de fermage qu'un chef de tribu payait au Trésor pour avoir le droit de retirer de la tribu tous les revenus que ses moyens d'action pouvaient lui procurer.

Dans les circonstances graves, on percevait un impôt extraordinaire appelé *el maouna* [2], qui n'avait, par sa nature même, aucune assiette fixe. C'était, le plus souvent, un impôt d'approvisionnement en grains, qui servaient à faire du biscuit pour les troupes.

La *eussa* était un droit sur les achats de grains que les tribus

---

[1] Obligation.

[2] Ce qui vient en aide.

sahariennes faisaient dans le Tell. Cet impôt en engendrait un autre : *la bezra*.

Les tribus du Sud étant obligées de venir, chaque année, acheter leurs grains dans le Tell, chaque bey donnait aux tribus intermédiaires entre le Tell et le Sahara, dans l'étendue de son gouvernement, l'autorisation d'aller au-devant des populations du Sud pour arriver, au moyen de cadeaux, à les amener dans le beylick, de préférence aux beylicks voisins. Chaque bey percevait ensuite la *eussa*, contribution alors considérable, et donnait à chaque chef qui avait fait ce courtage entre le Tell et le Sud la faculté de percevoir, pour son compte particulier, une redevance appelée *bezra*, qui était répartie entre ce chef et les principaux de sa tribu.

La *bezra* fut supprimée par une circulaire du maréchal Bugeaud du 6 août 1845.

Outre ces impôts, les tribus pouvaient être frappées d'une amende (*el khetia*), en réparation d'une faute. Elle était ordonnée, soit pour une faute personnelle à l'être collectif de la tribu, soit lorsqu'elle ne provenait que du fait de quelques habitants.

Le recouvrement de ces impôts était fait par les aghas et les caïds qui se servaient, dans ce but, des cavaliers *maghzens*. Ces fonctionnaires avaient, à titre de rémunération, une part proportionnelle dans le produit de l'impôt.

Il y avait aussi certaines contributions spéciales : le *hak el burnous*, droit d'investiture à la charge des chefs lorsqu'ils prenaient possession de leurs fonctions ; le *hak el chabir* (droit de l'éperon), impôt particulier aux tribus *maghzens* de la province d'Oran.

Une sorte de corvée, *la touiza*, était imposée aux tribus pour la culture des terres du beylick, lequel possédait d'immenses propriétés, qu'il cultivait directement par ses *khammès*.

Les Turcs percevaient encore le *droit d'ancrage* sur les bâtiments de commerce étrangers et l'octroi de mer sur les marchandises et objets venant de la chrétienté.

Mentionnons aussi une contribution spéciale aux Juifs, appelée *djia*, sorte de capitation, qui était le signe de leur sujétion.

Il serait trop long d'énumérer toutes les contributions que percevaient les Turcs sur les corporations, métiers et industries. Mais ce qu'il importe de remarquer, c'est qu'en outre des contributions versées au beylick, chaque fonctionnaire, depuis le ministre jusqu'au simple khodja, en percevait d'autres pour son propre compte et ces dernières n'étaient ni les moins lourdes, ni les moins vexatoires.

Combien ces divers impôts pouvaient-ils rapporter au Trésor de la

Régence ? Il serait bien difficile de le dire. M. Schaller [1] évalue les recettes du gouvernement algérien, pour 1822, à 434.800 piastres, soit 2.347.920 fr. [2]. Si on déduit 680.400 fr. de tributs payés par divers rois, il resterait à la charge des Algériens 1.667.520 fr. Mais ce chiffre pouvait facilement être quintuplé par le fait des pressions exercées par les fonctionnaires. Les dépenses s'élevaient, d'après le même auteur, à 4.638.600 fr. de notre monnaie, soit un déficit de 2.290.680 fr.

L'émir Abd-el-Kader percevait, en principe, les mêmes impôts que les Turcs, mais avec quelques modifications. Son système se rapprochait davantage des principes du Koran. Ainsi, sous son administration, les tribus *maghzens* ne jouirent plus des immunités que leur accordaient les Turcs, en raison des services qu'ils leur rendaient au point de vue militaire. Tous les musulmans indistinctement durent payer les impôts réguliers. Les tribus du Sud ellesmêmes qui, sous les Turcs, payaient la *eussa* et la *bezra* durent se conformer aux ordres d'Abd-el-Kader et acquitter l'*achour* et le *zekkat.*

Le *bit-el-mal* [3] ou Trésor public était alimenté, outre la plupart des impôts perçus par les Turcs, par le cinquième du produit des razzias, prélèvement prescrit par le Koran, chap. VIII, verset 42, et qui remonte à l'année 624.

Les besoins de la guerre obligèrent l'Emir à avoir plusieurs fois recours à la *maouna.*

Sous son administration, les cheiks jouaient, pour le recouvrement de l'impôt, un rôle direct. Ils le percevaient eux-mêmes, la plupart du temps en nature.

L'autorité d'Abd-el-Kader ne s'étendait que sur une partie de l'Algérie.

Dans la province de Constantine, où le bey n'avait jamais voulu reconnaître son autorité, aucune modification n'avait été introduite dans les impôts.

On voit, par le court exposé que nous venons de faire, que, sous les Turcs, l'impôt avait le plus souvent une base inique, et qu'il était livré à tous les hasards d'une perception sans contrôle. Il retombait en grande partie sur la terre. Quand on réfléchit à l'influence qu'un pareil état de choses peut exercer sur l'état économique d'une nation, que l'on tient compte de l'organisation de la

---

[1] *Algérie pittoresque.* Toulouse, 1843.
[2] La piastre valant 5,40.
[3] Maison de l'argent.

famille et de la société musulmanes, de l'ignorance et de la paresse des Arabes, on ne s'étonne plus de l'état dans lequel est tombée l'agriculture chez les indigènes de l'Algérie.

III

LES IMPOTS ARABES DEPUIS LA CONQUÊTE. AMÉLIORATIONS ET TENTATIVES DE RÉFORME.

Au début de la conquête, nous n'occupions que la ville d'Alger, et nous n'avions pas à nous préoccuper des impôts arabes. Le général en chef se borne, dans ses arrêtés, à substituer notre gouvernement à celui des Turcs pour la perception des impôts de consommation, dans la ville même, et à introduire certaines contributions de la métropole.

Mais, dès nos premiers pas dans l'intérieur, cette question des impôts arabes dut se poser. Devait-on maintenir les anciens tributs que percevaient les Turcs sur les indigènes ?

On pensa tout d'abord qu'il n'y avait pas lieu de le faire. On était imbu de l'idée de montrer aux Arabes la supériorité de notre civilisation, et on croyait que la levée de ces tributs était un acte de brigandage de la part des Turcs. Mais on ne tarda pas à revenir sur ces idées. Une commission nommée le 7 juillet 1833 *pour aller recueillir les faits propres à éclairer le gouvernement sur l'état du pays*, estime [1] « qu'il faut faire revivre les anciens tributs et les exiger par la force, partout où la force peut s'étendre ». C'était une raison politique qui avait décidé la commission. Il s'agissait de montrer notre puissance aux Arabes, et on s'apercevait qu'ils attachaient à la levée de ces tributs l'idée de souveraineté.

On décida donc, en principe, que l'on percevrait sur les indigènes cultivateurs les mêmes impôts que le gouvernement turc. Mais là commençait la difficulté. Quels étaient ces impôts ? Nous ne le savions même pas. Les registres de l'administration turque avaient en partie disparu ou avaient été altérés. Nous fûmes donc obligés de nous en rapporter au témoignage des indigènes, qui avaient intérêt à nous tromper. Dans ces conditions, l'impôt ne pouvait avoir qu'une assiette très défectueuse, et on le percevait la plupart du temps en nature, par l'intermédiaire d'agents indigènes.

Cependant, peu à peu, les ténèbres s'éclaircirent. Après l'*achour* et le *zekkat*, nous découvrîmes la *lezma*, la *eussa*, la *bezra*, le

---

[1] Séance du 6 novembre 1833.

hockor, dont la nature resta longtemps inconnue, et que l'on confondait avec l'*achour*.

C'est ainsi que, jusqu'en 1842, nous nous livrâmes, pour ainsi dire, à un travail de découverte, cherchant les documents que l'on dissimulait, sollicitant des renseignements que l'on faussait. L'établissement de l'impôt, l'emploi de ses produits, son mode de perception n'avaient rien d'uniforme ni de fixe.

Entre temps, l'ordonnance du 21 août 1839 avait jeté les bases d'une véritable organisation financière en réglementant le service de la comptabilité, mais l'assiette vicieuse des impôts arabes n'était nullement modifiée.

En 1842, le gouvernement essaya de reconstituer le passé en faisant établir par les bureaux arabes une statistique faisant connaître :

1° Le nombre de fractions de chaque tribu (douars ou ferkas) et le nombre de tentes de chaque douar, afin de connaître approximativement le chiffre de la population ; 2° les genres de produits de chaque tribu ; 3° le nombre de ses cavaliers montés et armés ; 4° le relevé des impôts payés annuellement, soit aux Turcs, soit à l'émir Abd-el-Kader. Cette statistique, terminée seulement en 1845, ne put fournir que des données approximatives et, en général, des chiffres fort au-dessous de la vérité.

En 1844, le maréchal Bugeaud, qui a beaucoup fait pour l'amélioration économique de l'Algérie, s'efforça d'établir de l'ordre dans la perception des impôts arabes. Un travail sur le « Gouvernement de l'Algérie » réglementa la marche à suivre par l'administration française pour substituer peu à peu au régime turc et à celui de l'émir un mode de répartition plus uniforme, ôter à l'impôt tous sens religieux, arriver à le percevoir partout en argent, et hâter le moment où les indigènes ne seraient plus obligés de le percevoir pour nous.

Une circulaire du 17 février 1844 donne des instructions à ce sujet. Elle supprime en même temps un droit sur le mariage que l'on percevait sur un petit nombre de points. Une autre circulaire du 12 février 1844, avait réglementé la législation des amendes.

L'importante ordonnance du 17 janvier 1845 fut le point de départ d'une organisation qui subsiste encore aujourd'hui, du moins quant à ses principales dispositions, et dont les bases varient suivant qu'il s'agit de la province de Constantine ou des provinces d'Alger et d'Oran. Cette ordonnance établit une nouvelle répartition des recettes et des dépenses afférentes tant au budget de l'État qu'à celui de la colonie, et, profitant des études faites, depuis quelques années, sur les produits de l'ancien beylick, elle introduit dans les impôts arabes un mode de constatation plus en rapport avec les formes de notre comptabilité publique. L'ordonnance du 2 janvier 1846 prescrivit toutes les dispositions administratives qui devaient assurer l'exécution du nouveau régime financier. Les contributions arabes rentrèrent exclusivement, tant pour leur établissement que pour leur perception, dans les attributions du ministre de la Guerre, les rôles furent rendus exécutoires par le Gouverneur général ou, en vertu de ses ordres, par les commandants supérieurs. La fixation dut, en principe, être faite en numéraire. Mais, dans l'intérêt de l'approvisionnement de l'armée, les impôts pouvaient être acquittés en nature, après autorisation du Gouverneur général, suivant un tarif arrêté par le ministre. Les chefs indigènes, participant d'une manière plus directe au recouvrement, versèrent entre les mains du receveur des contributions diverses, qui faisait dépense dans ses écritures du dixième de ce produit, attribué à ces chefs pour frais de recouvrement, et de la part revenant aux localités comme ressources spéciales. En 1847, la répartition entre les contribuables de la tribu fut enlevée aux caïds. Ceux-ci dressèrent des états statistiques servant de base à l'impôt, et sur ces états-matrices, l'administration des contributions diverses établit les rôles, généralement par tribus, rarement par douars.

Ces ordonnances avaient mis de l'ordre dans la perception et dans la comptabilité, mais sans toucher aux bases mêmes de l'impôt.

Une tentative de réforme fut faite en 1852. Une commission instituée par le Gouverneur général comte Randon prépara un projet de décret portant création d'un seul impôt sur les revenus fonciers, appelé *gherama*, pour les populations chez lesquelles la matière imposable était recensée. Il s'agissait d'un impôt dont le contingent serait resté invariable pendant trois ans. L'impôt était établi sur le revenu *des terres de culture*, évalué d'après le *produit des récoltes et des arbres fruitiers*, et sur le revenu des *terres de pâture*, établi d'après le *produit des troupeaux*. Ce projet s'éloignait du principe établi par la loi de l'an VII, *l'égalité proportionnelle*.

En effet, l'impôt sur le revenu des terres, pour être proportionnel, doit frapper la généralité et avoir pour base, non le produit tel que le perçoit le propriétaire, mais la faculté productive du sol, sauf à fixer un minimum de cotisation si cette faculté est nulle ou presque nulle. Le projet primitif, transformé en projet d'arrêté, fut soumis à l'examen du Comité consultatif de l'Algérie et rejeté sur le rapport du général Charron, sénateur, ancien gouverneur général.

Une nouvelle commission fut instituée en 1859 par le comte de

Chasseloup-Laubat, alors ministre de l'Algérie, pour poursuivre les études sur cette question. Le projet élaboré par cette commission était divisé en deux parties bien distinctes : l'impôt foncier était établi en territoire civil et un impôt spécial était appliqué en territoire militaire, mesure transitoire pour arriver à une réforme plus complète. Les impôts à percevoir sur les indigènes avaient pour base : en territoire civil, l'étendue superficielle et la valeur du sol ; en territoire militaire, les produits agricoles.

Cet impôt s'éloignait des contributions directes de la métropole par deux points importants : 1° c'était un impôt établi sur la *valeur vénale* au lieu de la *valeur productive* du sol, c'est-à-dire sur le *capital*, au lieu d'être basé sur le *revenu* ; 2° c'était un impôt de *quotité*, au lieu d'être un impôt de *répartition*. Le projet n'eut pas de suite.

Une nouvelle commission fut nommée, le 27 septembre 1861, par le maréchal Pélissier, alors Gouverneur général de l'Algérie, pour reprendre la question de la transformation des impôts arabes. Cette commission, après une discussion approfondie, prépara un projet de loi portant établissement d'une contribution foncière dans les territoires civils de l'Algérie et dans les circonscriptions des territoires militaires qui seraient successivement déterminées par le Gouverneur général. Cette contribution, obligatoire pour les Européens comme pour les indigènes, aurait constitué un impôt de répartition analogue à l'impôt foncier perçu dans la métropole.

Toutes ces études aboutirent enfin à une décision impériale du 2 juillet 1864 qui sanctionna le principe de la contribution foncière en Algérie sur un rapport du Gouverneur général comte Randon. Ce rapport fait connaître que la substitution de la contribution immobilière aux anciens impôts actuellement perçus dans les territoires occupés par les Arabes ne sera pas possible tant que la délimitation des tribus et la répartition des terres entre les douars et les individus ne sera pas effectuée, mais qu'il est utile d'établir, à partir d'une époque à déterminer ultérieurement, une contribution foncière sur toutes les propriétés immobilières privées, urbaines ou rurales, non assujetties aux impôts arabes.

Cette décision eut pour conséquence l'établissement du cadastre. Un arrêté du Gouverneur général du 8 mai 1868 organisa ce service. Les opérations furent conduites, dès le principe, avec activité, mais elles furent interrompues quelques années plus tard. Il en résulte qu'aujourd'hui le cadastre n'a été exécuté que dans une faible partie du territoire, qu'il est incomplet, même dans les communes de plein exercice, et qu'une révision des expertises serait nécessaire pour en tirer partie au point de vue de l'impôt.

Pendant ce temps, de notables améliorations étaient introduites dans la perception. Un arrêté décentralisateur du ministre de l'Algérie du 5 mai 1859 décida que les bases qui doivent servir à établir l'impôt arabe seraient préparées par le préfet, en Conseil de préfecture, pour les territoires civils et par le général, en conseil des affaires civiles, pour les territoires militaires ; que ce serait à ces fonctionnaires qu'il appartiendrait de rendre les rôles exécutoires et au ministre d'arrêter l'assiette de l'impôt. Les demandes en décharge ou réduction devaient être portées devant lesdits conseils ; celles en remise ou modération soumises au ministre.

D'autre part, en 1857, le maréchal Randon avait tenté de substituer le *douar* et même *la tente* à la tribu, comme unité imposable. Après diverses expériences, on en vint à établir des rôles individuels en territoire civil, et des rôles collectifs, par douars ou ferkas, en territoire militaire.

A la suite de sa remarquable enquête sur l'Algérie, le comte Lehon avait demandé [1] qu'à partir du 1er janvier 1870, l'assiette et la perception des impôts indigènes fussent faites exclusivement par les services des finances. D'après lui, « on dégageait grandement la « question en faisant intervenir l'élément civil dans la perception « de l'impôt ; on faisait disparaître aux yeux de l'indigène les sou- « venirs d'exactions qui, autrefois, l'avaient fait cruellement souf- « frir ». Son amendement fut rejeté, mais l'idée n'avait pas été perdue.

En effet, à la date du 22 août 1871, un arrêté du Gouverneur créait un emploi de *recenseur* dans chaque commune. Ce fonctionnaire appartenait au cadre du service topographique. Il était chargé de consulter tous les renseignements pouvant servir à la création des registres de l'état civil chez les indigènes et à l'administration politique du pays ; il devait établir les états statistiques nécessaires pour l'assiette des impôts. Des instructions, en date du 18 février 1872, lui traçaient la marche à suivre et lui indiquaient certains procédés d'estimation.

Enfin, un décret du 21 novembre 1874 créait des directeurs départementaux des contributions directes, avec les attributions qu'ils ont en France, sauf en ce qui concerne les travaux d'art du cadastre qui continuent à être préparés par le service spécial de la topogra-

---

[1] Chambre des Députés. Séance du 13 avril 1869. Amendement Lehon.

phie. A la suite de ce décret, les agents coloniaux adjoints au personnel continental des contributions directes en Algérie, conformément à l'article 2 de ce décret, pour être spécialement chargés des opérations relatives à l'assiette de l'impôt arabe dans les territoires non cadastrés, étaient désignés sous le nom de *répartiteurs* et, à partir du 1er avril 1877, les recenseurs en fonctions à cette époque dans les trois provinces de l'Algérie, prenaient le titre de *répartiteurs*. Ce sont ces fonctionnaires qui sont aujourd'hui chargés de l'assiette de l'impôt arabe en territoire civil.

Bien que les divers projets dont nous venons de parler n'aient pas abouti à la transformation des impôts arabes, les études auxquelles ils ont donné lieu ont eu cependant pour résultat indirect l'application en Algérie d'une taxe foncière sur la propriété bâtie[1], mais cette taxe qui, jusqu'en 1891, ne donnait lieu qu'à la perception de centimes additionnels au profit des départements, ne fonctionne que comme impôt complémentaire. Aussi, la question de la réforme de ces impôts est toujours à l'ordre du jour et n'a pas cessé de préoccuper le gouvernement et les conseils élus de la colonie. De remarquables discussions sur ce sujet ont eu lieu au Conseil supérieur en 1884 et au Conseil général d'Alger, dans la session d'octobre 1885. Dans le Conseil de gouvernement, on a pensé qu'aucune transformation partielle ne devait être opérée avant l'établissement en Algérie d'un système impositaire définitif et complet.

Néanmoins, pour remédier aux anomalies les plus choquantes que présentait l'assiette de la capitation en Kabylie, on a cru nécessaire de subdiviser la première classe de contribuables, taxée à 15 fr., en trois catégories, taxées respectivement à 15, 50 et 100 fr. Un arrêté a été pris dans ce sens, le 9 septembre 1886, par le gouverneur général.

Une autre amélioration importante a été faite à la même époque. Frappé de ce fait que, dans les territoires où il est appliqué, l'*achour* se paie en raison de l'étendue cultivée, avec cette différence que, dans la province de Constantine, il a une base fixe invariable et porte sur *l'ensemble des cultures*, tandis que dans les provinces d'Alger et d'Oran il ne pèse que sur les grains et varie en raison de la valeur présumée de la récolte, le Conseil de gouvernement a émis l'avis qu'il serait rationnel de frapper de l'impôt tous les produits de la terre, sans exception. Il était difficile de s'expliquer,

---

[1] Loi du 21 décembre 1884. Un projet de loi concernant l'établissement d'une taxe sur la propriété non bâtie en Algérie est en ce moment soumis à la Chambre.

en effet, que l'indigène cultivant les plantes maraîchères, les arbres à fruits, le tabac ou la vigne, fût exempt de toute redevance, alors que celui qui récolte le blé ou l'orge paie une taxe relativement élevée. A la suite de cet avis, un arrêté du Gouverneur du 20 septembre 1886 a décidé qu'à partir du 1er janvier 1887, toutes les cultures seraient soumises à l'impôt *achour* dans les départements d'Alger et d'Oran, et que ces cultures seraient imposées au même titre et dans les mêmes conditions que le blé et l'orge.

IV

LES IMPÔTS ARABES ACTUELS. VICES ET INCONVÉNIENTS DE LEUR ASSIETTE ET DE LEUR RECOUVREMENT.

Les impôts actuellement perçus sur les indigènes sont au nombre de quatre :

1° L'*Achour*.

Cet impôt est prélevé sur les céréales et autres cultures diverses, depuis l'arrêté précité du 20 septembre 1886. Il est, en quelque sorte, proportionnel à l'étendue des terres cultivées et a pour base *la charrue*, appelée, selon la province, *djebda*, *zouidja* ou *sekka*. C'est une mesure agraire représentant l'étendue de terrain qu'une paire de bœufs peut labourer dans une saison, et dont la contenance moyenne est de 10 hectares, pour les provinces d'Alger et d'Oran, et de 12 à 15 hectares, dans la province de Constantine.

La charrue cultivée en céréales (blé et orge) doit :

Pour une récolte	très bonne..........	6 quintaux
—	bonne..............	4 quint. 500
—	assez bonne.........	3 quintaux
—	mauvaise...........	1 quintal 500

Comme nous l'avons vu, cet impôt, sous la domination turque, se percevait en nature. L'administration française l'a converti, pour les départements d'Alger et d'Oran, en un impôt en argent, supputé chaque année d'après l'importance des moissons et le prix des denrées. Actuellement, le tarif de conversion est de 22 fr. par quintal pour le blé, et de 11 fr. par quintal pour l'orge.

Pour les cultures diverses, qui se divisent en quatre catégories, savoir : 1° vergers ou plantations ; 2° vignes ; 3° jardins potagers et tabacs ; 4° cultures industrielles, la charrue doit :

Pour une récolte	très bonne............	88 fr.
—	bonne............	66 fr.
—	assez bonne.......	44 fr.
—	mauvaise.........	22 fr.

Pour les tribus *maghzens,* l'impôt se perçoit à raison d'une somme fixe de 30 fr. par charrue.

Le total des charrues ensemencées ou plantées en 1889 a été, pour les provinces d'Alger et d'Oran, de 95.168.

Dans la province de Constantine, que la récolte soit bonne, médiocre ou mauvaise, l'*achour* est invariable. On a formé 8 catégories de charrues passibles chacune de droits fixes, échelonnés comme suit: 25 fr., 20 fr., 12,50, 10 fr., 6 fr., 5 fr., 4 fr. et 3 fr. Le nombre de charrues cultivées dans cette province en 1889 a été de 68.075.

L'*achour* forme donc en réalité deux impôts. Dans les provinces d'Alger et d'Oran, il peut représenter, avec de nombreuses variantes, 1/10 du produit brut, et son rendement suit une marche ascendante en raison de l'élévation du prix des céréales.

Dans la province de Constantine, au contraire, l'impôt étant invariablement fixe, l'État n'est pas appelé à profiter des chances heureuses d'une bonne récolte.

Le produit de l'achour s'est élevé en 1889 à 5.879.468 fr.

2° Le *Hockor* (appelé *gueteha* dans la province d'Oran).

Cet impôt se perçoit dans la province de Constantine seulement et porte sur les terres *arch* et *azels*, à l'exclusion des terres *melk*.

Il est perçu, sur les terres *arch*, en raison du nombre de charrues cultivées, et sur les *azels* non affermées pour bail régulier, en raison du nombre de charrues que ces *azels* contiennent, qu'elles soient ou non cultivées. Il se perçoit également sur les *azels* affermées par baux réguliers, mais il est alors encaissé, à titre de loyers et fermages, par l'administration des domaines.

Le *hockor*, qu'il soit appliqué aux terres *azels* ou aux terres *arch*, est toujours un loyer. La seule différence, c'est que l'État ayant pris possession des *azels* qui formaient le domaine de l'ancien beylick de Constantine, a concédé l'exploitation de ces *azels* à titre onéreux et en déterminant l'étendue louée, tandis que les terres *arch*, dévolues à l'État par droit politique, sans qu'il y ait eu prise de possession réelle, sont simplement occupées par les tribus qui en ont la jouissance. C'est ce qui fait que, pour les *azels*, qui sont des propriétés délimitées, on perçoit le *hockor* d'après l'étendue totale de ces *azels*, tandis que pour les *arch* non délimitées, le *hockor* n'est perçu que pour l'étendue cultivée, c'est-à-dire réellement occupée.

Antérieurement à 1858, le *hockor* était de 30 fr. par charrue. Il a été réduit ensuite à 20 fr. Actuellement, il existe deux catégories de charrues : l'une à 20 fr. et l'autre à 10 fr.

Le nombre des charrues cultivées en 1889 s'est élevé à 52.168. Son produit a été de 943.735 fr.

3° Le *Zekkat.*

Cet impôt est perçu sur les bestiaux. Jusqu'en 1857, il n'existait que dans les provinces d'Alger et d'Oran. En 1858, comme nous l'avons vu, un arrêté du Gouverneur général a imposé le *zekkat* aux troupeaux des terres *arch* et *melk* de la province de Constantine et réduit le taux du *hockor* et de l'*achour*. A l'origine, les bases du *zekkat* étaient les suivantes : le contribuable devait à l'État : 1 mouton et 1 chèvre sur 100 ; 1 bœuf ou 1 vache sur 30 ; 1 chameau sur 4.

Le *zekkat* est appliqué aux troupeaux recensés. Le Gouverneur général en arrête chaque année le tarif. Il est actuellement fixé de la manière suivante, pour chaque tête de bétail, sans distinction de territoire civil ou militaire :

Chameaux	4 fr.
Bœufs	3 fr.
Moutons	0,20 c.
Chèvres	0,25 c.

Le total des animaux imposés en 1889 a été de 14.369.913. Son produit s'est élevé à 7.026.419 fr.

4° La *Lezma.*

Suivant les endroits où il est perçu, cet impôt a le caractère d'une taxe de capitation, d'une contribution mobilière ou même d'un tribut, quand il s'applique à des populations que l'on ne peut administrer directement et dont il est difficile d'apprécier les richesses.

Il se manifeste actuellement sous quatre formes différentes :

1° *Lezma* de capitation. Cet impôt est établi dans la grande Kabylie, qui fait partie du département 'dAlger, sur les bases suivantes : dans chaque tribu, les hommes en âge de porter les armes, c'est-à-dire en âge de concourir aux charges de la commune, sont divisés en six catégories, et il est attribué à chacune d'elles la classification suivante :

1° Les indigents ne paient rien ;	
2° Les individus ayant des ressources médiocres paient un impôt fixe annuel de	5 fr.
3° Ceux ayant une fortune moyenne	10 fr.
4° Ceux ayant une réelle aisance	15 fr.

5° Les gens riches........................ 50 fr.

6° Les gens très riches...................... 100 fr.

Le total brut de l'impôt s'est élevé, en 1889, à 975.805 fr.

2° *Lezma* variable par feu (impôt kabyle du département de Constantine). C'est encore un impôt de capitation perçu dans les territoires kabyles de la province de Constantine. Les feux sont divisés en deux catégories dont l'une paie 22,50 et l'autre 20 fr. Le total des feux imposés en 1889 a été de 9.150. C'est un impôt de quotité dans certains douars et de répartition dans d'autres. Ce sont les *djemmâs* qui sont chargés de la répartition, sous le contrôle des agents de l'État.

3° *Lezma* sur les palmiers. Cet impôt n'est perçu que dans les départements d'Alger et de Constantine. Il a pour base le pied de palmier et repose sur un recensement fait chaque année. Chaque pied d'arbre doit une taxe qui, suivant le territoire, est de 0,25, 0,287, 0,30, 0,35, 0,40 ou 0,50. Le total des palmiers imposés en 1889 a été de 1.590.406.

4° *Lezma* fixe. Cet impôt est perçu dans le M'zab, à Ouargla et dans nos possessions de l'extrême Sud. C'est un véritable tribut dont le montant est calculé, tantôt d'après le nombre des palmiers en rapport, tantôt d'après le nombre des palmiers et celui des troupeaux.

Ces tributs sont fixés pour une période de cinq à dix ans. Ils se sont élevés en 1889, pour la province d'Alger, à 230.000 fr. et, pour la province de Constantine, à 388.457 fr.

Le total général de l'impôt *lezma* s'est élevé en 1889 à 2 millions 265.594 francs.

En sus du principal de l'impôt, les indigènes paient les centimes additionnels, créés par un arrêté ministériel du 30 juillet 1855.

Leur destination principale est d'alimenter le budget des communes mixtes ou indigènes. Ils ont pour but de subvenir aux dépenses extraordinaires nécessitées par l'exécution de travaux intéressant particulièrement les tribus et qui aideraient au développement de leurs richesses agricoles et commerciales : telles sont les constructions de canaux, de ponts, de routes, de barrages, de fontaines, de puits, d'abreuvoirs, etc.

Ils remplacent, dans les communes mixtes et indigènes, les taxes municipales en vigueur dans les communes de plein exercice, sauf en ce qui concerne les prestations, qui sont perçues dans tous les cas [1]. Les centimes additionnels ordinaires s'élèvent actuelle-

[1] Arrêté du gouv. gén. du 29 avril 1865 et 4 janvier 1877.

ment à 18 [1], y compris le contingent de 6 centimes, spécialement affecté aux dépenses de l'assistance hospitalière. Il est perçu, en outre, aussi bien dans les communes de plein exercice et centres de colonisation que dans les communes mixtes et indigènes, 4 centimes extraordinaires pour la constitution de la propriété individuelle en Algérie [2]. Quand il s'agit de l'impôt de capitation perçu en Kabylie. les centimes additionnels sont calculés en dedans du principal [3].

Le Gouverneur général détermine chaque année, par des arrêtés spéciaux, le quantum des centimes additionnels ordinaires, comme pour la conversion en argent de l'impôt arabe.

En ce qui concerne l'assiette des impôts en territoire civil, les états-matrices dressés par les répartiteurs sont individuels. L'impôt de capitation établi en Kabylie est individuel par sa nature même. En territoire militaire, les états établis par les bureaux arabes sont collectifs, en prenant le *douar* ou *ferka* comme unité imposable. Ces états sont ensuite transmis à la direction des contributions directes, qui dresse les rôles en appliquant les coefficients relatifs à chaque nature de contribution, tels que les indiquent les arrêtés du Gouverneur général, et applique ainsi à chaque contribuable la somme qu'il est appelé à verser.

Les rôles sont rendus exécutoires par les préfets des départements et par les généraux commandant les divisions, chacun en ce qui concerne son ressort administratif.

En territoire civil, la publication des rôles a lieu conformément aux règlements sur la matière. En territoire militaire, cette publication est laissée aux soins des bureaux arabes et des caïds.

En territoire civil, les versements sont faits directement par le contribuable à la caisse du receveur. En territoire militaire, lorsque les rôles sont rendus exécutoires, et sur l'avis du commandant supérieur du cercle, les chefs de douar font le recouvrement et versent ensuite entre les mains du receveur, qui délivre une quittance à souche.

Les demandes en décharge ou en réduction d'impôt arabe sont soumises à la juridiction des Conseils de préfecture, sans distinction entre le territoire civil et le territoire militaire. Les formes et les délais de la réclamation et de l'instruction sont exactement les mêmes qu'en France pour les impôts directs, et la déchéance est,

---

[1] Arrêté du gouv. gén. du 21 janvier 1892.

[2] Loi du 26 juillet 1873; décret du 27 juillet 1875 et loi du 28 avril 1887, art. 21.

[3] Décision du maréchal Randon du 18 juin 1858.

comme en France, encourue pour défaut de réclamation dans les trois mois de la publication des rôles [1]. Le recours est ouvert du Conseil de préfecture au Conseil d'État dans les termes du droit commun. Les remises totales ou partielles, collectives ou individuelles, sont toujours déterminées par des pertes de récoltes ou de troupeaux.

Il revient aux chefs collecteurs 1/10 du produit brut de l'impôt pour participation au recouvrement. Cette part est considérée par la jurisprudence comme un traitement. Un fonds de secours formé par une retenue de 5 0/0 sur ce 1/10, est constitué en faveur des anciens chefs indigènes [2].

L'impôt arabe s'applique exclusivement aux indigènes. Les Européens en sont exemptés [3]. Les israélites indigènes n'y sont plus soumis [4]. Les indigènes sont assujettis à l'impôt *achour*, même lorsqu'ils sont établis sur la terre d'un Européen, sauf le cas où l'exploitation agricole, conduite par des maîtres ou des chefs ouvriers européens présents sur les lieux, est effectuée avec un matériel, des semences et des animaux leur appartenant [5].

Telle est, dansses grandes lignes, l'organisation actuelle des impôts arabes. Malgré les améliorations qui y ont été apportées, elle est loin d'être exempte de critiques, soit au point de vue purement fiscal, soit au point de vue économique.

Au point de vue fiscal, l'instabilité des impôts arabes est un inconvénient de premier ordre. C'est ainsi qu'après avoir donné une moyenne de 14.000.000 de francs jusqu'en 1869, ils descendaient à 10.000.000 fr. en 1882-1883, pour remonter à 16.000.000 fr. en 1886. En 1889, leur produit s'est élevé à 16.115.216 fr., non compris les centimes additionnels, s'élevant à 3.423.280 fr.

Cette instabilité est préjudiciable, non seulement à l'État, mais surtout aux départements.

En France, l'impôt est un revenu propre à l'État. Les départements et les communes ont leurs budgets spéciaux, formés de revenus distincts.

En Algérie, le département et la commune existent bien comme unités administratives, mais leurs budgets ne sont pas totalement indépendants de l'impôt perçu au profit de l'État. Ainsi, le départe-

---

1 Arrêt du Conseil d'État, 29 juin 1866 (Fredja Touboul).
2 Arrêtés du gouverneur gén. du 5 août 1881 et du 7 mai 1884
3 Décis. minist. du 5 novembre 1845.
4 Conseil d'État 28 novembre 1879.
5 Arrêté du gouv. gén., 23 mars 1872.

ment vit en grande partie sur l'impôt arabe (5/10) et autres allocations prélevées sur les fonds de l'État. La commune a l'octroi de mer, qui est un droit de douane assis et perçu sans son intervention.

Pour conserver au département, en particulier, son véritable caractère, il faudrait que cette unité administrative eût ses revenus particuliers, et il conviendrait de former son budget en dehors de l'impôt arabe, au moyen de contributions de nature départementale, comme on l'a déjà fait depuis 1884, pour les centimes additionnels à l'impôt foncier.

Cette réforme serait d'autant plus nécessaire qu'il existe, entre les trois départements algériens, des différences importantes dans le rendement de l'impôt. Les Conseils généraux ont plusieurs fois demandé une répartition générale pour toute l'Algérie.

Indépendamment de cette variabilité, qui déroute toute prévision budgétaire, on peut faire au système des impôts arabes des objections d'un autre ordre.

On sait qu'une des causes qui ont beaucoup contribué à accroître la productivité de l'impôt dans les budgets modernes est l'économie apportée dans les frais de recouvrement. Pour les contributions directes en France, ces frais sont tombés à 2,39 0/0. Or, pour les impôts arabes, les frais de recouvrement sont énormes, puisqu'il faut d'abord prélever 10 0/0 au profit des chefs indigènes.

D'autre part, leur assiette donne naissance à des différences d'impositions choquantes entre des territoires voisins, séparés seulement par une frontière fictive. C'est ce que signalait déjà la Commission de 1861, qui faisait remarquer, en outre, que ces différences d'impositions existent non seulement de province à province, mais encore, dans chaque province, entre les indigènes du territoire civil et ceux du territoire militaire.

Ainsi que le fait très justement observer M. Burdeau dans son remarquable rapport sur le budget de 1892, il est difficile de s'expliquer autrement que par de vieilles traditions qui devraient être aujourd'hui abandonnées, pourquoi, par exemple, la charrue n'a pas partout une étendue uniforme; pourquoi l'*achour* est variable à Alger et à Oran et invariable à Constantine, pourquoi la *lezma* kabyle a le caractère d'impôt de répartition dans la petite Kabylie et d'impôt de quotité dans la grande Kabylie.

Il est d'ailleurs de principe que l'impôt, dans son ensemble, ne doit jamais atteindre le capital et ne doit être prélevé que sur une faible partie du revenu. Or, il est permis de douter que cette règle soit toujours observée pour les impôts arabes. Le *zekkat*, par exemple, a tous les inconvénients d'un prélèvement sur le capital mobilier. Ajoutons que les bases mêmes sur lesquelles repose la perception de ces impôts sont difficiles à apprécier et font naître des incertitudes qui peuvent se traduire en pertes pour le Trésor et en malaises pour les administrés. Telle est, par exemple, pour l'*achour*, l'estimation des récoltes. Il est d'ailleurs bien difficile, à défaut de cadastre régulier, d'arriver à établir, au moyen des opérations de recensement actuelles, le revenu résultant, pour l'indigène, de l'ensemble de ses ressources de toute nature.

En ce qui concerne la perception, l'impôt est plus nettement déterminé en territoire millitaire, où l'Arabe peut facilement se rendre compte de ce qu'il doit en principal et en centimes additionnels, et où il se libère en une seule fois. Il n'en est pas de même en territoire civil, où l'on vient à plusieurs reprises demander aux indigèdes de verser le montant de diverses taxes municipales, et où on les fatigue par des réclamations trop souvent réitérées. Leur rattachement à des centres européens a pour effet de les soumettre, indépendamment des impôts généraux (*achour* et *zekkat*), aux taxes municipales. Ces dernières constituent sans doute, pour les agglomérations urbaines, une ressource précieuse, mais sont, pour les indigènes des territoires civils, une charge plus lourde que les centimes additionnels, et dont ils ne retirent qu'un profit problématique.

V

RÉFORME POSSIBLE.

De sérieuses raisons économiques, basées sur la justice et l'équité, nous commandent donc impérieusement de transformer le régime fiscal applique aux indigènes de l'Algérie. Mais comment opérer cette transformation? Chez le peuple arabe, dit-on, les lois civiles se confondent avec les lois religieuses, et la loi koranique a réglé l'impôt, comme elle a réglé toutes les exigences de la vie arabe. En changeant la formule de l'impôt, nous attaquons un dogme fondamental que l'indigène tient à conserver, et nous jetons un trouble profond dans l'organisation de la société musulmane.

D'ailleurs, nous dit-on encore, avons-nous découvert une formule d'impôt équitable, s'appliquant à l'indigène et, dans un avenir plus ou moins éloigné, à la population entière de l'Algérie? Essaierons-nous, par exemple, de substituer aux impôts arabes l'impôt unique sur le revenu, comme le demandait M. Lesueur au Conseil supérieur en 1884 [1]? Appliquerons-nous une taxe générale de capitation,

---

[1] Séance du 7 février 1884.

comme le proposait, M. Bourlier au Conseil général d'Alger en 1885[1] ?

Examinons ces diverses raisons.

En ce qui concerne le caractère religieux des impôts arabes, cette objection aurait pu avoir toute sa force aux premiers temps de l'Islam, alors que l'impôt était le simple *zekkat* établi par le Prophète. Mais, nous l'avons vu tout à l'heure, avec le développement de la société musulmane, le *zekkat* perdit peu à peu son caractère originel et se transforma. Sous la domination turque, il n'était plus, comme l'*achour*, qu'une redevance beylicale, un véritable impôt appliqué aux dépenses de l'État. Nous croyons donc qu'il n'y a plus lieu de s'arrêter à cette considération.

Certes, il serait imprudent de créer de toutes pièces un régime fiscal. En cette matière, toute transformation est chose extrêmement délicate, et il ne faut y procéder qu'avec une grande circonspection. Mais l'impôt doit suivre l'évolution du régime économique. Aussi voyons-nous, à notre époque, chez toutes les nations, les impôts primitifs disparaître peu à peu, pour faire place à un régime fiscal plus perfectionné.

L'impôt *unique* sur le revenu qui n'est du reste, appliqué nulle part, a encore moins sa raison d'être en Algérie. Ici, en effet, la principale source de revenu est la richesse terrienne, et quand on a frappé les revenus fonciers, il ne reste presque plus d'autres revenus soustraits à l'impôt. Ces raisons s'appliquent d'autant mieux à l'Arabe qu'il ne possède aucune valeur mobilière et qu'il tire toute sa richesse du sol. L'impôt *unique* sur le revenu reviendrait, en dernière analyse, à un impôt sur le revenu foncier.

Quant à étendre partout la taxe de capitation appliquée chez les Kabyles en raison de la diversité de forme qu'affecte chez eux la richesse, outre l'improportionnalité et le peu d'équité de cette nature de taxe, elle est encore particulièrement odieuse à l'Arabe, qui y attache une idée de conquête et de sujétion.

Une taxe perçue, comme en France, sur le revenu territorial, paraît donc être le seul impôt qui réaliserait une amélioration sur l'état de choses actuel. Mais ici surgit la grande difficulté : la propriété arabe n'est pas constituée.

Nous avons trouvé, en effet, en arrivant en Algérie, une forme nouvelle de la propriété que nous ne connaissions que bien imparfaitement : la forme collective. Elle existait cependant et elle existe encore chez différentes nations étrangères. On la retrouve dans le *mir* russe, la *dessa* javanaise, la *zadruga* des peuples yougo-slaves,

[1] Séance du 17 octobre 1885.

et même chez nous, dans cette curieuse législation des *portions ménagères*, qui subsiste encore dans certaines parties de la France, notamment dans le Nord et le Pas-de-Calais. Imbus des principes de notre Code civil, nous nous sommes imaginé que cette forme était exclusive de tout droit privatif. Nous avons appelé la terre de propriété collective, terre *arch*, mot que nous avons inventé, en tant que signifiant un régime particulier de possession. Pour faire cesser l'indivision, le législateur de 1863, qui ne définit pas le droit des possesseurs, et celui de 1873, qui l'appelle *propriété collective*, ont cru tous deux nécessaire de soumettre les terres de cette catégorie à une opération spéciale, dite de la *constitution de la propriété individuelle*.

Cette opération consistait à diviser et à morceler à volonté la propriété, sans tenir compte de la situation économique des indigènes, et à leur délivrer ensuite des titres. Au bout d'un certain temps, on s'est aperçu que l'on faisait fausse route] et que tout retombait dans l'état primitif, le lendemain du passage du commissaire-enquêteur chargé de cette opération. Aussi, a-t-on à peu près abandonné aujourd'hui l'application de la loi de 1873, modifiée par celle de 1887.

Une loi nouvelle sur la propriété devient donc nécessaire.

Quoi qu'il puisse en coûter à nos législateurs d'abandonner nos vieux errements en matière hypothécaire, nous croyons qu'il est nécessaire que cette loi se rapproche, autant que possible, du *système Torrens*, en faisant la plus large part à l'initiative privée. Nul doute que les indigènes ne s'empressent de profiter d'un régime qui, par la simplicité qu'il apporte dans les transactions, offre certaines analogies avec ce qui se passe en droit musulman.

Dans ce système, ainsi que le faisait naguère remarquer M. Dain, professeur à l'Ecole de droit d'Alger [1], l'État pourrait seconder l'initiative privée et, dès lors, l'établissement de l'impôt foncier deviendrait facile. Des plans parcellaires, accompagnés de tableaux indicatifs de la contenance et des natures de culture seraient établis en territoire de propriété privée (*melk*). En territoire de collectivité (ARCH) on se contenterait des plans d'ensemble des lots délimités, mais avec un registre terrier indiquant les noms des attributaires et la quote-part de chaque ayant droit, en cas d'indivision. L'impôt établi sur le revenu foncier, calculé d'après ces bases, deviendrait un puissant auxiliaire pour la constitution de la propriété.

---

[1] Rapport au gouverneur général sur l'application du système Torrens en Algérie et en Tunisie, 1885.

Resterait ensuite à fixer la forme sous laquelle il conviendrait de l'appliquer.

Le système de *répartition*, tel qu'il existe en France et dans d'autres pays, n'est pas exempt de critiques. Au point de vue purement économique, la fixité ne s'accorde pas avec le principe de justice, qui veut que l'impôt soit proportionnel au rendement et s'accroisse avec le revenu. Aussi, un certain nombre d'économistes se sont-ils prononcés pour la mobilité de l'impôt sur le revenu territorial. Mais, sous cette forme, l'impôt basé sur la déclaration du contribuable exigeant, comme pour l'*income-tax* anglaise, une sorte d'enquête permanente sur les revenus du sol, nécessitait un mode de procéder peu compatible avec les mœurs des indigènes.

L'impôt fixe, au contraire, a des avantages particulièrement appréciables en Algérie, où l'agriculture a encore à faire des progrès énormes.

On sait qu'il établit, entre tous les contribuables, une solidarité au moyen de laquelle le contingent fixé est toujours assuré. Il a un autre avantage très précieux : il permet de favoriser la plus-value des terres par des exemptions temporaires que l'on peut accorder aux défrichements, aux plantations de bois, de vignes ou d'arbres fruitiers ou même aux constructions. Ces exemptions sont tellement indispensables en Algérie que les concessions attribuées aux colons par l'État en bénéficient déjà. On devrait, à notre avis, les étendre à toutes les terres, arabes ou européennes. Il est à craindre que les Arabes n'en profitent pas. Mais alors ces exemptions permettraient de favoriser les terres qui, au fur et à mesure de la colonisation, passeraient des mains des indigènes entre les mains des cultivateurs français.

D'un autre côté, la fixité de l'impôt permet d'éviter les recensements annuels, toujours difficiles à exécuter.

La préférence paraît donc devoir être accordée à l'impôt de répartition, en ce qui concerne la propriété rurale indigène.

Avec l'établissement et la conservation du cadastre tels que le comporterait le nouveau régime, son assiette pourrait d'ailleurs être établie dans de meilleures conditions que ne l'est actuellement en France celle de l'impôt foncier, et il serait possible d'établir une plus exacte proportionnalité entre l'impôt et le revenu foncier. On n'atteindra ce résultat, en France, que quand on aura procédé à la réfection *juridique* du cadastre, question qui est en ce moment à l'étude [1].

[1] Séance de la Chambre du 7 juillet 1892. Discours de M. Burdeau.

L'impôt serait appliqué au fur et à mesure de la constitution de la propriété. Les Conseils généraux fixeraient les contingents à assigner aux *douars* et *ferkas*. Pour la répartition individuelle, on pourrait se servir des *djemmas*, en étendant le procédé qui existe déjà dans la petite Kabylie, pour la *lezma* de répartition.

Telle est, dans son ensemble, et sans entrer dans des détails d'exécution qu'il incomberait à l'Administration de régler, la réforme dont les impôts arabes nous paraissent susceptibles. Nous croyons qu'elle aurait pour effet de favoriser le progrès agricole, car, aujourd'hui, toutes les terres en friche sont exemptes de l'impôt *achour* qui n'est pas, nous l'avons vu, établi en raison de la valeur des terres qu'il frappe, mais en raison des labours qui y sont exécutés. Substitué au *zekkat*, l'impôt frapperait également les propriétés, quel que soit le nombre d'animaux que l'on y élèverait, et favoriserait ainsi l'élevage du bétail. Au point de vue fiscal, il donnerait le moyen de connaître à l'avance la portion la plus importante du budget et de fournir aux départements et aux communes de l'Algérie, par le vote de centimes additionnels, des budgets complètement indépendants. Combiné avec le nouveau régime de la propriété, il aurait en outre pour effet d'attirer les capitaux étrangers sur les terres algériennes, dont l'évaluation aurait une base certaine.

Ce serait un pas dans la voie de l'assimilation économique des indigènes, la seule capable de les rapprocher de nous, tant que la société musulmane n'aura pas subi une nouvelle évolution.

Paris. — Typ. A. Davy, 52, rue Madame.

Paris. — Typ. A. DAVY, 52, rue Madame. — Téléphone. bureau G

www.ingramcontent.com/pod-product-compliance
Ingram Content Group UK Ltd.
Pitfield, Milton Keynes, MK11 3LW, UK
UKHW020444220726
13923UKWH00005B/2323

9 782019 240127